*„Wenn ihr schnell sein wollt, geht alleine.
Wenn ihr weit kommen wollt, geht zusammen.“*

Afrikanisches Sprichwort

PAUL STÜRMT NACH LONDON

Von

TANYA PREMINGER

Illustriert von

ELETTRA CUDIGNOTTO

Übersetzt aus dem Englischen

Stefan Becker

Für Teddy, der seinen Lebensweg gemeinsam mit mir geht

Inhaltsverzeichnis

Das Londoner Riesenrad

Es ist ein wunderschöner Augusttag in London. Papa, Mama und Paul halten sich an den Händen, während sie im Gedränge der vielen Touristen am Fuße des Londoner Riesenrads namens „London Eye“ stehen.

„Nein, Paul, ich steige nicht auf dieses Ding!“, protestiert Papa.

„Bitte, komm mit, Papa!“, fleht Paul und zappelt vor lauter Aufregung.

„Fahrt ihr zwei allein. Ich warte hier unten auf der Wiese auf euch“, sagt Papa, während er den Kopf nach hinten neigt und nervös auf die riesige Metallstruktur des berühmtesten Riesenrads der Welt blickt. Die gläsernen Riesenradkabinen glitzern in der Sonne, während sie sich langsam auf den wolkenlos blauen Himmel zudrehen.

Papa wird schon allein vom Anblick ganz schwindlig.

„Auf gar keinen Fall ... “, murmelt er.

„Papa, das ist nicht gefährlich! Schau doch - all diese Leute da fahren mit." Paul winkt der langen Schlange der Besucher zu, die ganz geduldig und ruhig nach Tickets anstehen.

„Ich habe Höhenangst", sagt Papa beharrlich.

„Aber du kannst nicht zulassen, dass deine Angst dich beherrscht! Ich habe auch Angst davor, in das Fußballcamp des FC Barcelona zu gehen", gesteht Paul. „Trotzdem mache ich es, weil es mir wichtig ist."

„Das hier ist mir aber nicht wichtig", sagt Papa. „Ich kann auch weiterleben, ohne dieses Riesenrad zu besteigen."

„Es wird eine großartige Erfahrung für uns, Papa. Es wird uns als Familie zusammenschweißen", bettelt Paul und zwinkert Mama zu.

Mama lacht.

„Schau doch, die Kabinen sind sogar geschlossen", fährt Paul fort. „Du kannst nicht mal rausfallen! Ich bin erst neun Jahre alt, und nicht mal ich habe Angst davor."

Eine Gruppe fröhlicher junger Mädchen in langen Kleidern und weißen Kopftüchern läuft vorbei. Sie kommen gerade vom Riesenrad und kichern und unterhalten sich ganz aufgeregt.

„Kannst du es nicht wenigstens versuchen, Papa? Wir machen nur einmal im Jahr Urlaub. Wir sind über den Ärmelkanal geflogen, um hier zu sein!", sagt Mama.

„Ich sage, wir sparen uns lieber meine Fahrkarte", antwortet Papa.

„Wow! Wir sind so weit oben in der Luft!", ruft Paul laut.

Mama und Paul betrachten die Skyline von London durch das Fenster der Riesenrad-Kabine. Während sie in die grelle Sonne blinzeln, schauen sie sich die berühmten Wahrzeichen Londons an - Boote, die

auf dem Fluss Themse schippern, Westminster Abbey und den Hyde Park, die London Bridge und Big Ben.

Sie schlendern am Fenster entlang und wechseln öfter ihre Plätze mit anderen begeisterten Touristen. Mama macht mit ihrem Smartphone zahlreiche Fotos von dem berühmten Glockenturm. Beim Aufstieg zum höchsten Punkt des Riesenrads erfüllt ein aufgeregtes Murmeln in vielen Sprachen die Kabine.

„Die Leute da unten sehen wie Ameisen aus!“, schreit Paul.

„Schau mal, da ist Papa!“, ruft Mama als sie diesen mit einem Plastikbecher voller Bier auf einem Rasenstück sitzen sieht.

„Mama, was ist, wenn ich Angst habe, im Fußballcamp mitzumachen?“, springen Pauls Gedanken bereits zum nächsten Tag.

„Vor was solltest du Angst haben?“, wundert sich Mama. „Du bist doch......ein talentierter Spieler. Du wirst mit anderen Kindern in deinem Alter spielen. Was ist schon dabei, wenn sie von überall aus der ganzen Welt kommen? Fußball ist eine internationale Sprache. Und ganz egal, ob du der beste auf dem Platz bist oder nicht – du bist dort, um Spaß zu haben.“

„Ich bin sicher, dass ich besser spielen werde als die anderen Kinder“, sagt Paul. „Der Trainer wird mich bemerken und sofort unter Vertrag nehmen.“

„Nun ja, ich glaube nicht, dass das so funktioniert“, lächelt Mama.

„Aber du hast gesagt, dass ein Trainer von der FC Barcelona Jugendakademie dort sein wird!“

„Ja, so stand es jedenfalls in der Broschüre“, bestätigt Mama.

„Also wird er sich an mich erinnern und dem Fußballverein Barcelona sagen, dass sie mich kaufen sollen.“

„Sie kaufen keine neunjährigen Jungen“, erklärt Mama ihm.

„Und außerdem gehst du nicht ins Trainingslager, um mit den anderen Kindern zu konkurrieren - du gehst dorthin, um etwas zu lernen."

Während sie sich wieder auf den Boden zubewegen, winken ihnen zwei asiatische Kleinkinder fröhlich aus der anderen Kabine zu. Paul winkt zurück.

„Mama, was denkst du, soll ich mein Gehalt in Euro oder Dollar beziehen, wenn ich einmal ein Fußballprofi bin? Ich habe nämlich gehört, dass der Wert des Euro vor Kurzem gefallen ist."

Mama kichert. „Es ist noch lange hin, bis wir uns darüber Gedanken machen müssen. Lass es uns Schritt für Schritt angehen."

Die U-Bahn am King's Cross

Durch die King‘s Cross U-Bahn-Station wogt der allmorgendliche Berufsverkehr. Papa, Mama und Paul stehen ratlos an einer Kreuzung vor einer riesigen Karte der Londoner U-Bahn - einem Gewirr aus farbigen Linien.

„Auf die rechte Seite! Wir müssen die gelbe Linie nehmen“, sagt Papa.

„Nein, wir müssen die lila Linie nehmen! Papa, du weißt doch, dass du nicht gerade gut mit Wegbeschreibungen klarkommst“, sagt Mama, während sie die Karte genau inspiziert.

Überall um sie herum hasten im eleganten Londoner Stil gekleidete Menschen zur Arbeit.

„Ich weiß überhaupt nicht, wovon du sprichst! Wir müssen an der Station „Harrow on the Hill“ aussteigen“, betont Papa.

„Genau! Deswegen müssen wir die lila Linie nehmen. Schau doch!“ Mama fährt auf der Karte mit dem Finger die entsprechende U-Bahn-Linie nach.

„Ich brauche keine Karte“, sagt Papa stur. „Ich habe früher einmal in dieser Stadt gelebt, erinnerst du dich?“

„Das war vor einer halben Ewigkeit“, entgegnet Mama und zieht die Augenbrauen hoch, „und offen gestanden denke ich, wenn du glaubst, dass du in die eine Richtung gehen solltest, solltest du lieber die entgegengesetzte Richtung einschlagen, um am Ende richtig anzukommen.“ Sie muss über ihren eigenen Witz lächeln.

„Sehr lustig!“ Papa ist gereizt.

„Entscheidet euch endlich!“, unterbricht Paul sie lautstark. „Wir kommen noch zu spät zur Anmeldung für das Trainingslager!“

Mama beschließt, endlich zu handeln.

„Linker Korridor! Mir nach!“ Sie nimmt Pauls Hand und zieht ihn hinter sich her, während sie den unterirdischen Fußgängertunnel hinuntereilt. Papa folgt widerwillig. Sie bahnen sich ihren Weg durch die Menge, als sie plötzlich das ohrenbetäubende Quietschen eines Zuges hören, der sich dem Bahnhof nähert.

Der Zug hält an. Keuchend drängen sie sich durch die Schiebetüren und ergattern den einzigen verfügbaren Sitzplatz. Mama und Papa lassen Paul sitzen, während sie neben ihm stehen und sich an der Haltestange oben festhalten.

„Wir haben noch anderthalb Stunden bis zur Registrierung. Wir werden pünktlich da sein“, beruhigt Mama alle, während der Zug sich in Bewegung setzt.

„Was hast du gefrühstückt, Paul?“, fragt Papa.

Paul zuckt schuldbewusst mit den Achseln.

„Er hat sich geweigert, irgendwas von dem zu essen, was ich ihm angeboten habe“, sagt Mama.

„Das ist gar nicht gut, Paul!“, antwortet Papa. „Wie willst du nur den ganzen Tag überstehen? Du hast ein sechsstündiges Training vor dir.“

„Er war zu aufgeregt, um zu essen“, erklärt Mama.

„Ich bin überhaupt nicht aufgeregt“, widerspricht Paul nervös.

Mama fährt mit den Fingerspitzen in einer beruhigenden Geste durch Pauls Haare. „Ich habe belegte Brote in seine Tasche gepackt“, sagt sie. „Hast du dir heute Morgen die Zähne geputzt, Paul?“

Paul schüttelt den Kopf. „Du hast mich gehetzt.“

„Das ist nicht gut.“ Mama dreht sich zu Papa. „Papa, sag du mal was dazu.“

Papa holt erst einmal tief Luft. „Paul, wenn du nicht jeden Tag deine Zähne putzt, verrotten sie und du wirst einen Mund voller löchriger Zähne haben, was dich irgendwann mal ein Vermögen kosten wird.“

„Und wenn schon“, grinst Paul, „Ich werde sowieso ein professioneller Fußballspieler. Ich kann mir dann jede Operation leisten, die ich möchte.“

Dir U-Bahn hält langsam an.

„Achten Sie auf die Lücke zwischen Zug und Bahnsteig“, rät eine tiefe Männerstimme über die Lautsprecheranlage. Passagiere steigen ein und aus. Der Platz neben Paul wird frei und Papa bietet ihn Mama an, als der Zug weiterfährt.

„Wie lang dauert es denn noch?“, murrt Paul.

„Warum hast du uns auch eine Wohnung so weit weg vom Fußballcamp gebucht?“, erkundigt sich Papa und sieht seine Frau an.

„Ach Leute ...! Hört auf zu jammern“, sagt Mama gereizt. „Wir wollten

in der Nähe aller Sehenswürdigkeiten in der Innenstadt bleiben. Es war nicht einfach, dort etwas Günstiges zu finden."

Der Zug taucht aus dem Untergrund in einen hellen Vorort von London auf. Vor den Fenstern ziehen Reihen von Wohnhäusern mit kleinen, gepflegten Gärten vorbei. Paul steckt eine Hand in Papas Tasche und greift nach dessen Handy.

Papa ist nicht gerade begeistert, aber er lässt Paul damit spielen. Sie passieren noch ein paar weitere Haltestellen.

„Ich möchte einen Haarschnitt wie diesen hier." Paul dreht den Handy-Bildschirm zu seinen Eltern und zeigt ihnen ein Foto von Lionel Messi.

„Einen Haarschnitt? Dein Haar sieht gut aus. Kannst du nicht warten, bis wir wieder zuhause sind?" Mama ist verwirrt.

„Nein. Ich brauche diesen Haarschnitt noch heute." Paul schwenkt das Handy in der Luft.

„Ein gebleichter Irokesenschnitt?" Papa schüttelt missbilligend den Kopf.

„Damit wirst du auf jeden Fall viel Aufmerksamkeit auf dich ziehen", sagt Mama verwundert.

„Was hast du gegen Aufmerksamkeit", lächelt Paul.

„Deine fußballerischen Fähigkeiten sollten Aufmerksamkeit erregen, nicht deine Frisur", entgegnet Mama.

„Ich möchte beides! Bitte, Mama, Papa, ich will diese Frisur!"

„Und ich will ein Rockstar sein", grinst Papa.

Mama schaut zum hundertsten Mal auf die U-Bahnkarte. „Wir steigen an der nächsten Haltestelle aus", warnt sie alle vor.

„Ich persönlich glaube nach wie vor, dass wir in die falsche Richtung fahren", murmelt Papa vor sich hin.

Spielen im FC Barcelona-Stil

Mama, Papa und Paul gehen rasch eine kurvenreiche Landstraße hinauf. Georgianische Häuser auf beiden Seiten sind von viel grüner Landschaft umgeben, ihre braunen Ziegel mit Moos bedeckt.

Während sie sich der Spitze des Hügels nähern, werden zwischen den Häusern herrliche Ausblicke auf die englische Landschaft sichtbar, und sanfte Hügel und Wiesen liegen im Sonnenschein bis zum Horizont. Mama weist auf das berühmte Wembley-Stadion im Südosten hin.

Im Dorfzentrum sehen sie eine Kirche und die zahlreichen Gebäude der Harrow-Schule, umgeben von makellosen Rasenflächen und gepflegten Hecken. Das Hauptgebäude dominiert den Gipfel des Hügels mit massiven dekorativen Holztüren und Kirchtürmen, die in den Himmel ragen.

„Weißt du, ich habe gelesen, dass Harry Potter hier gedreht wurde. Dies war die Hogwarts-Schule für Hexerei und Zauberei“, erzählt Mama Paul.

„Wen interessiert das schon?“, mault Paul ungeduldig. „Wo ist das Trainingslager? Wir werden uns verspäten!“

„Wir hätten den Bus nehmen sollen“, ergänzt Papa.

„Aber hier steht, dass es nur zehn Minuten zu Fuß sind.“ Mama sieht noch einmal in der Trainingslagerbroschüre nach, die sie in der Hand hält.

„Lass uns diese Leute fragen – sie sehen so aus, als ob sie es wissen könnten.“ Papa schaut zu einer asiatischen Familie hinüber, die vor ihnen geht.

Die Eltern haben die gleichen Fußballcamp-Broschüren dabei und ihre beiden Kinder – Zwillinge tragen passende Fussballtrikots des FC Barcelona.

Papa nähert sich ihnen und fragt nach dem Fußball-Camp. Das Paar lächelt und zeigt auf eine Straße unten am Hügel.

„Wo kommen Sie her?“ fragt Mama sie neugierig.

„Wir kommen aus Taiwan.“

„Taiwan? Beeindruckend! Und Sie sind nur wegen des Trainingslagers nach London gekommen?“

„Ja, unsere Kinder sind große Fußballfans und begeistert von Lionel Messi. Wo kommen Sie denn her?“ fragt der taiwanesische Vater.

„Wir kommen aus Deutschland.“

„Da hatten Sie es ja nicht so weit!“, bemerkt die taiwanesische Mutter.

Schließlich finden sie die Einrichtung, in der die Anmeldung für das Trainingslager stattfindet - ein modernes Gebäude, das Teil eines Sportkomplexes ist. Gelbe und rote Banner des FC Barcelona kennzeichnen den Eingang, und aufgeregte Eltern und Kinder drängen sich durch die Glastüren.

Mama, Papa und Paul mustern sie und versuchen zu erraten, aus welchen Ländern die Familien jeweils kommen.

Jedes Kind geht zum Anmeldeschalter, wo es ein Identifikationsarmband und eine leuchtend rote FCB-Schuluniform erhält.

Paul geht mit den anderen Kindern in die Umkleidekabine, um seine brandneue Uniform anzuprobieren, und bedeutet seinen Eltern diskret, direkt an der Tür zu warten.

Nachdem alle Kinder registriert sind, folgen die Eltern und Kinder dem Organisationsteam nach draußen, vorbei an üppigen Rasenflächen und alten Eichen zum Fußballplatz, auf dem die Eröffnungsfeier stattfindet.

Der Name eines jeden Kindes wird laut vorgelesen und es muss vortreten und sich seiner jeweiligen Mannschaft anschließen. Die Teams sind nach Spielern des FC Barcelona benannt: „Messi", „Neymar", „Pique", „Suarez" und so weiter. Paul wird aufgefordert, sich dem „Iniesta"-Team anzuschließen.

Als alle Kinder in geordneten Reihen auf dem Rasen stehen, tritt der Manager des Trainingslagers vor die Menge, um eine Rede zu halten.

„Willkommen im offiziellen Sommercamp des FC Barcelona in London. Ich freue mich, euch alle hier zu sehen", spricht er die Menge stolzer Eltern und besorgter Kinder an. Ihr seid angereist, um das Spielen im Barcelona-Stil zu lernen. In diesem Camp werden wir euch beibringen, was das bedeutet. Ihr werdet die Taktik von Barcelona und die Methodik kennenlernen, die dem Team hilft, so viele Spiele zu gewinnen. Es stehen Euch fünf Tage harter Arbeit bevor."

Er macht eine kurze Pause, der dramatischen Wirkung wegen.

„Und jetzt möchte ich einen besonderen Gast aus Spanien vorstellen, der diese Woche das Trainerteam leiten wird. Einen herzlichen Applaus für Herrn Diego Alfaro, den Cheftrainer der La Masia Jugendfußball-Akademie in Barcelona. Er wird ein paar Worte an euch richten."

Ein fröhlicher Mann mit widerspenstigen, dunklen Locken tritt vor die Menge und die Eltern applaudieren begeistert.

„Guten Tag! Willkommen im Fußballcamp des FC Barcelona!", sagt Diego mit einem starken spanischen Akzent. „Wisst ihr denn, was an der Taktik des FC Barcelona so besonders ist? Ich werde es euch sagen – es ist Teamarbeit. Ihr spielt nicht für euch selbst; ihr spielt für die Mannschaft. Einer für alle und alle für einen. Es ist nicht wichtig, ob ihr ein Tor erzielt. Es kommt darauf an, ob Euer Team gewinnt oder verliert. Passen ist wichtiger als Schießen. Intelligenz und Kreativität sind wichtiger als körperliche Kraft. Das ist der Barca-Stil. Lasst uns anfangen!"

Die Barca-Hymne ertönt und alle schließen sich dem Refrain an: „Barca, Barca, Baaaaaaarca!"

Der Trainer jeder Mannschaft führt seine Kinder zu ihrem Platz auf dem Fußballfeld. Einige der Eltern zerstreuen sich, während andere sich an den Rändern des Rasens niederlassen, von wo aus sie das Geschehen besser beobachten können. Paul bittet Mama und Papa mit eine Geste, in der Nähe zu bleiben.

Die „Iniesta" -Teamkinder versammeln sich um ihren Trainer, einen liebenswürdigen jungen Mann mit einem trendigen Bart.

„Hallo, ich bin Benji und ich werde diese Woche euer Trainer sein. Ich komme aus Tottenham, hier in London. Lasst es mich wissen, wenn ich zu schnell spreche - ich weiß, dass viele von euch nicht aus England kommen."

Benji
Mathew
Paul
Floris
Tom
Neil
Howard
Shira

Die Kinder nicken zustimmend.

„Zunächst möchte ich, dass jeder von euch seinen Namen sagt, aus welchem Land er stammt und wer sein Lieblingsspieler bei Barca ist. Okay? Lasst uns anfangen!"

„Ich bin Neil aus den USA. Ich liebe Messi", sagt ein großer blonder Junge mit gebräuntem Teint.

„Mein Name ist Shira. Ich komme aus Brasilien. Ich liebe Neymar", sagt anschließend ein Mädchen mit einem Pferdeschwanz.

„Floris aus Holland. Suarez ist der Beste."

„Paul, Deutschland. Messi ist der Beste!", murmelt Paul etwas schüchtern.

„Howard, Taiwan, Messi", sagt der erste der taiwanesischen Zwillinge, denen Paul zuvor begegnet ist.

„Mathew, Taiwan, Messi", schließt sich sein Zwillingsbruder an.

„Aber das sind doch englische Namen", unterbricht Neil.

„Ja, wir haben sowohl englische als auch taiwanesische Namen", murmelt Howard.

„Und wie lauten eure taiwanesischen Namen? ", fragt Benji lächelnd.

„Chih-Hao und Chih-Liang."

„Interessant. Chi-ha...hu?" versucht Benji den Namen zu wiederholen. „Ich denke, ich werde eure englischen Namen benutzen. Okay?"

Howard nickt zustimmend mit dem Kopf.

„Großartig. Lasst uns weitermachen", sagt Benji.

„Tom, Großbritannien, Messi", stellt sich der nächste Junge vor.

„Omar, aus Jordanien. Iniesta."

„Raymar, Saint Lucia. Ich liebe Pique."

„Saint Lucia? Wo ist das denn?", fragt Tom verwundert.

„Das ist in der Karibik, Mann...!", mokiert sich Neil.

Nun stellt sich der Rest der Kinder im Team vor. Sie zählen Länder aus der ganzen Welt auf.

„Nun sind wir bereit für die erste Übung“, sagt Benji, als alle fertig sind. „Passt auf, Kinder. Ich werde euch in zwei Gruppen einteilen, Weiß und Gelb. Wir haben weiße und gelbe Leibchen hier.“ Benji zeigt auf einen Stapel mit Fußballausrüstung. „Jede Mannschaft hat drei Stürmer, zwei Mittelfeldspieler, zwei Verteidiger und einen Torwart. Okay?“

Benji zählt die Kinder und merkt, dass er keine gerade Zahl hat.

„Ein Spieler wird Joker. Er gehört keiner Mannschaft an. Wenn er den Ball erhält, gibt er ihn an die Mannschaft zurück, von der er ihn bekommen hat“, korrigiert Benji. „Ihr müsst Angriffe formieren und auf das Tor zuspielen. Während eines Angriffs müsst ihr mindestens zwei Pässe spielen, sonst zählt das Tor nicht. Habt ihr das verstanden? Mindestens zwei Pässe bei jedem Angriff. Ihr seht euch eure Mitspieler an, überprüft deren Optionen und findet den richtigen Pass. Hört sich das gut an?“

Die Kinder nicken mit ihren Köpfen.

„Neil wird der Kapitän des gelben Teams und Floris der des weißen Teams. Lasst uns anfangen!“ ruft Benji.

Pauls Magen fühlt sich flau an und sein Herz schlägt immer schneller in seiner Brust.

Enttäuscht darüber, dass er nicht zum Kapitän gewählt wurde, sucht er zur Beruhigung nach Mama und Papa. Sie winken ihm vom anderen Ende des Rasens zu.

Paul zieht ein gelbes Trikot an und wird als Stürmer eingesetzt. Die taiwanesischen Kinder und Shira sind ebenfalls Spieler im Team Gelb. Howard ist der Torwart.

Das Spiel beginnt.

Zunächst spielen die Kinder etwas zögerlich, aber schon bald gehen sie voll und ganz in dem Sport auf, den sie lieben. Tom, der englische Junge aus dem weißen Team, stellt sich als großes Problem heraus. Er ist schnell und furchtlos und dribbelt mühelos an der Verteidigung des gelben Teams vorbei bis zum Tor. Ganz kurz vor Howard tritt er einen flachen Schuss mit dem linken Bein vorbei an Howard und erzielt ein Tor.

„Was machst du bloß? Kannst du nicht einmal ein Tor aus einem halben Meter Entfernung abblocken?!",fährt Neil, der Tom hinterhergerannt ist, Howard an.

Howard runzelt die Stirn.

„Das Tor zählt nicht!" ruft Benji von der Seitenlinie. „Worauf arbeiten wir hin? Pässe! Teamwork! Es wurde nicht abgespielt – also kein Tor. Weitermachen!"

Der Kampf auf dem Rasen geht weiter, aber die Mannschaften sind gleich stark aufgestellt und ihre jeweiligen Angriffe führen nicht zum Torerfolg.

Aber dann wird der Ball von Team Gelb abgefangen. Shira spielt den Ball zu Paul. Paul dribbelt schnell nach vorne, wobei ihm Schweiß über seinen Rücken läuft.

„Checkt eure Optionen! Schaut euch das Spielfeld an!", ruft Benji.

Paul zögert kurz, während er seine Umgebung nach freien Spielern absucht.

„Weiß, wo ist eure Abwehr?" schreit Benji das gegnerische Team an. „Wo ist sein Schatten?"

Tom bewegt sich auf Paul zu. Als er sich nähert, spielt Paul den Ball hastig zu Neil, doch er erwischt ihn nicht richtig und schießt ihn etwas zu weit. Neil sprintet nach vorne, rutscht mit den Füßen voran über das

Gras, und schafft es, den Ball in der letzten Sekunde zu berühren und ihn in das Tor des weißen Teams zu lenken.

„Tor! Tor!", brüllt Neil. Er hüpft zurück auf seine Beine und führt einen Siegestanz auf.

„Saubere Arbeit! Schönes Tor!" ruft Diego Alfaro, der spanische Trainer, der zufällig in diesem Moment vorbei läuft.

„Großartiger Angriff, Neil!" fügt Benji hinzu. „Aber wenn du feierst, musst du es zusammen mit deiner Mannschaft machen. Denk dran - Fußball ist Teamwork. Feiert zusammen!“

Neil rennt zu seinen Mitspielern und Team Gelb feiert seinen Sieg mit einer Gruppenumarmung und High fives.

„Er hat mich gesehen! Diego hat mein Tor gesehen“, schreit Neil aufgeregt während er Paul abklatscht. „Er wird mich bei La Masia in Barcelona anmelden!“

Das Spiel im roten Bus

Mama, Papa und Paul drängen sich mit einer Menge anderer begeisterter Touristen am Zaun des Buckingham Palace und versuchen, einen Blick auf die königlichen Wachen zu werfen. Mama steckt ihr Handy zwischen die Zaunstäbe und versucht ein gutes Bild zu machen. Die Wachen stehen regungslos da, während ihre berühmten roten Jacken und hohen schwarzen Bärenfellhüte in der hellen Sonne leuchten.

„Mama, das ist langweilig. Sie bewegen sich gar nicht“, jammert Paul.

„Das ist es ja, Paul“, erklärt Mama. „Sie bewegen sich nur beim Wachwechsel.“

„Lass uns jetzt einkaufen gehen. Ich brauche neue Stollen.“ Paul dreht sich vom Zaun weg.

„Neue Stollen? Was stimmt denn mit den Stollen nicht, die du jetzt hast?“, fragt Papa.

„Ich sage, wir gehen in den Kerker von London“, schlägt Mama vor, als sie sich auf den Weg durch die Menge vom Palast entfernen.

Papa widerspricht. „Paul würde der Kerker von London nicht gefallen.

Der ist zu gruselig."

„Denkst du? Aber es ist eine Attraktion für Kinder. Ich möchte, dass er ein bisschen was von der Geschichte Londons sieht, damit erlernt, wie die Leute hier vor Jahrhunderten gelebt haben. Schließlich war London die gefeierte Hauptstadt des Britischen Imperiums", erklärt Mama.

Sie gehen eine breite Allee entlang, die von eleganten Blumengärten umgeben ist.

„Lass uns nach Notting Hill gehen", schlägt Papa vor.

„Notting Hill?", wundert sich Paul.

„Das war früher meine Nachbarschaft. Ich kann euch zeigen, wo ich gewohnt habe. Es gibt da viele coole Cafés, Bars, Gebrauchtwarenläden und den Porto Bello Markt. Es ist schön dort", antwortet Papa.

„Wann hast du in London gelebt?", fragt Paul.

„Das war, bevor ich deine Mama getroffen habe. Ich war damals Musiker", sagt Papa mit einem nostalgischen Lächeln.

„Ich möchte nicht nach Notting Hill! Ich möchte einkaufen gehen!", beschließt Paul.

Mama schaut auf die Karte in ihrer Hand. „Der Kerker von London ist ganz in der Nähe. Wir könnten auch dorthin gehen."

„Ich möchte nicht laufen, Ich bin müde. Mein ganzer Körper tut mir weh", jammert Paul. „Ich habe heute sechs Stunden Fußball gespielt."

Papa schaut Mama an. „Das Kind ist müde. Du willst uns doch jetzt nicht wirklich auf so eine lange Tour schleifen."

Mama seufzt verärgert. „Aber wie oft haben wir die Möglichkeit, London zu besichtigen? Ich möchte, dass wir uns die Stadt ansehen."

„Mama, wir sind ein Team! Du musst immer zuerst an deine Teamkollegen denken", argumentiert Paul.

„Mach ich doch!", antwortet Mama.

„Ich habe eine Idee!", ruft Papa. „Steigen wir einfach in den ersten Bus, der kommt und schauen, wohin er uns bringt! Hier gibt es eine Bushaltestelle."

„Papa…du und deine Ideen…" Mama schüttelt missbilligend den Kopf und öffnet wieder die Karte.

„Keine Karte!" Papa nimmt ihr die Karte aus der Hand. „Lass uns einfach fahren!"

„Keine Karte!", unterstützt Paul ihn erfreut.

„Wenn wir die Buslinie vierzig nehmen, kommen wir zum Kerker von London." Mama gibt nicht auf.

Im oberen Abteil des Doppeldeckerbusses lehnt sich Paul bequem an das vordere Fenster. Er hält sich an einem Griff fest, während der Bus durch die Straßen Londons fährt. Elegante Stadthäuser aus dem 18. Jahrhundert, moderne Gebäude aus Glas und Stahl, Cafés und schicke Läden ziehen vor seinen Augen vorbei.

„Wann steigen wir denn aus?“, fragt Mama, und wundert sich, wo sie sind.

„Wenn wir etwas Interessantes sehen“, antwortete Papa mit einem Grinsen.

Sie erreichen ein Einkaufsviertel. Zu beiden Seiten der Straße reihen sich Läden aneinander, in denen alles verkauft wird, was man sich vorstellen kann, von Kleidung über Lebensmittel bis hin zu Kosmetika und alles, was es sonst noch gibt. Alle bekannten großen Marken präsentieren ihre verlockenden Waren. Menschenmengen laufen über die Bürgersteige.

„So viele Menschen! So viele Läden! So viele Busse!“, ruft Paul aufgeregt. Er beobachtet rote Doppeldeckerbusse und Taxis, die Stoßstange an Stoßstange die Straße hochschleichen.

„Mama, ich möchte ein Spiel spielen“, sagt Paul. „Ich zähle die Busse. Wenn zehn Busse hintereinander vorbeifahren, gewinne ich. Wenn ein Auto dazwischen fährt, muss ich von vorne anfangen. Ein Taxi ist ein Joker.“

„Cool. Dein Spiel gefällt mir“, stimmt Mama zu.

„Und wenn ich gewinne, musst du mir zwanzig Pfund zum Einkaufen geben“, erklärt Paul.

„Im Ernst? Zwanzig Pfund?“, staunt Papa.

„Na gut“, willigt Mama ein. „Aber wenn du verlierst, musst du zwei Wochen lang das Geschirr waschen.“

Papa lacht.

„Nur eine Woche.“ Paul versucht, die Rahmenbedingungen für sich zu verbessern.

„Okay“, sagt Mama. Insgeheim ist sie sich sicher, dass es eine Herausforderung ist, zehn Busse hintereinander zu sehen.

„Und wenn wir einen Friseur sehen, müssen wir anhalten und mir die Haare schneiden lassen“, fügt Paul listig hinzu. „Das sind die Regeln.“

„Der Idee mit dem Friseur habe ich aber nicht zugestimmt“, protestiert Mama.

„Du bist die schlimmste Mami der Welt!“, klagt Paul. „Aber nur damit du es weißt, ich werde dich trotzdem immer lieb haben.“

„Sechs...Sieben...ein Auto!“ Paul beginnt die Fahrzeuge zu zählen, die an der Ampel stehen.

„Ich glaube, ich weiß, wo wir hinfahren“, verkündet Papa plötzlich.

Papa, hältst du diesen Jungen, Neil, für einen guten Spieler?“, fragt Paul, ohne zu beachten, was Papa gerade von sich gegeben hat.

„Der große, blonde Junge? Er ist mir schon aufgefallen. Er hat eine gute Technik.“

„Aber Papa, ich habe auch eine ausgezeichnete Technik. Und ich spiele sehr präzise. Ich kann aus zehn Metern Entfernung einen genauen Punkt treffen.“

„Das weiß ich doch, Paul.“

„Und außerdem ist Neil ein Ego-Zocker“, fügt Paul hinzu. „Er ist kein Teamspieler.“

„Manchmal ist egozocken gar nicht so schlecht“, sagt Papa. „Manchmal muss man, abhängig von der Situation, entschlossen sein,

ein Risiko eingehen, einfach allen Mut zusammennehmen und alles geben, was man drauf hat."

Paul keucht beleidigt. „Das ist aber nicht der Barcelona-Stil! Teamwork ist viel wichtiger. Das hat auch Diego so gesagt."

„Ich glaube, das ist die Oxford Street", unterbricht Mama die beiden, während sie die Menschenmassen auf den Bürgersteigen beobachtet.

Ihr Bus steht im Stau vor einem Sportgeschäft, das die neuesten Fußballschuh-Modelle und Stollen im Schaufenster stehen hat.

„Papa, schau mal! Alle meine Lieblingssportgeschäfte hintereinander! Ich liebe diese Stadt! Es ist toll hier!", ruft Paul laut.

„Mir ist es zu gedrängelt und voll hier. Das ganze Chaos macht mich irgendwie nervös", meint Papa und verzieht dabei sein Gesicht.

„Lasst uns in diesen Sportladen gehen! Mama, Papa, kommt schon!"

„Aber du hast doch noch gar kein Geld gewonnen", erinnert ihn Mama.

„Ist doch egal, wir können uns auch nur die Schaufenster anschauen. Wir müssen nichts kaufen – zumindest nicht gleich", drängelt Paul.

„Nein! Hier steigen wir nicht aus", sagt Papa.

„Mami!", versucht es Paul weiter.

„Nein Paul, wir gehen jetzt nicht einkaufen."

Der Bus hält an einer Bushaltestelle und sie hören, wie sich die Türen surrend öffnen.

Paul steht auf, mit einem listigen Ausdruck in seinem Gesicht.

„Setz dich sofort wieder hin!", ruft Papa.

„Man muss im Leben auch mal ein Risiko eingehen!", sagt Paul schelmisch.

„Wag das ja nicht!", droht Mama, und hält ihn am Ärmel fest. Paul schiebt ihre Hand beiseite, dreht sich herum, und rennt die

Treppe hinunter.

„Papa, halt ihn auf!“, schreit Mama, während sie sich aus ihrem Platz hochkämpft.

Papa springt auf. Dabei fällt sein Handy aus seiner Jackentasche. Er bückt sich, um es aufzuheben, und eilt Paul nach. Er sieht, wie Paul aus dem Bus auf den Bürgersteig hüpft und kann ihm in letzter Sekunde nachspringen. Dann schließen sich die Bustüren hinter den beiden.

Mama schafft es nicht mehr nach draußen. Sie steht vor der Ausgangstür und starrt den beiden durch das Fenster nach.

„Machen sie bitte die Tür auf, Sir!“, ruft sie dem Busfahrer nervös zu.

Der Fahrer öffnet die Tür. Mama steigt aus und stürzt wütend auf Paul zu.

Dritter Trainingstag

Es ist ein weiterer schöner Sommertag in London. Die Kinder des Teams „Iniesta“ machen gerade Mittagspause. Sie kühlen sich auf einer Lichtung im Schatten einiger Eichen im Gras ab. Paul sitzt ein Stück von der Gruppe entfernt und nimmt nicht an ihrem fröhlichen Plausch teil. Er bindet die Schnürsenkel seiner Schuhe mit den abgenutzten Stollen und dreht sich um, um die Lunchbox zu öffnen, die Mama für ihn gepackt hat.

Neil und Tom sind gerade mit dem Essen fertig geworden und spielen „Wasserflaschen flippen“.

Die Flaschen fliegen hoch, drehen sich in der Luft und landen senkrecht wie eine Kerze auf dem Boden.

Die Kinder kreischen fröhlich.

In der Nähe wendet sich Howard, einer der taiwanesischen Zwillinge, an Shira und fragt leise: „Weißt du, wann Diego bekannt geben wird, wer für die La Masia-Akademie ausgewählt worden ist?“

Tom, der alles mitgehört hat, bricht in lautes Gelächter aus: „Es geht nicht um die La Masia-Akademie. Es geht um das La Masia-Turnier!“ ruft er.

Paul hört aufmerksam zu.

„Was ist denn der Unterschied?“ fragt Howard.

„In La Masia gibt es ein Turnier mit den besten Spielern aller Fußballcamps des FC Barcelona aus der ganzen Welt. Und Diego wird mich dafür auswählen!“, grinst Tom übermütig.

Neil dreht sich Howard zu. „Oh, Vorsicht!“, ruft er mit gekünstelt angsterfüllter Stimme. „Da sitzt eine Spinne auf deinem Kopf!“

Howard zuckt zusammen und fährt mit seinen Händen panisch durch seine Haare. Ein lautes Gelächter geht durch die Gruppe der Kinder.

„Ignoriere ihn einfach“, sagt Paul beruhigend zu Howard. In diesem Moment nähert sich Benji, der Trainer.

„Was ist so lustig, Team Iniesta? Macht schon, eure Mittagspause ist vorbei. Zurück aufs Spielfeld. Stellt euch bitte alle in einer Reihe auf.“

Die Kinder kichern weiter.

„Los, los!“ ruft Benji. „Auf geht’s. Der letzte ist Ronaldo!“

⚽ ⚽ ⚽

Wieder einmal läuft ein heißes Fußballspiel. Paul, Howard, Mathew und Shira spielen im weißen Team gegen das gelbe Team, zu dem Neil, Tom, Floris und Omar gehören.

Team Gelb spielt gnadenlos. Neil und Tom zusammen im selben Team sind eine große Herausforderung. Sie geben den Weißen keine Chancen. Nach zehn Minuten beträgt der Punktestand für die Gelben zwei zu null.

Paul dribbelt frustriert auf das gegnerische Tor zu. Neil rennt in seine Richtung, also muss er eine schnelle Entscheidung treffen. Er sucht nach einem freien Spieler. Aus den Augenwinkeln sieht er den spanischen Trainer Diego auf sich zukommen.

„Kontrolliere den Ball! Was machst du als Nächstes, Paul?“, ermahnt ihn Benji. „Weiß, formiert euch! Wo ist meine Formation?“

Team Weiß ist immer in Bewegung und tauscht die Positionen auf dem Spielfeld, aber die Verteidigung von Team Gelb ist zu eng.

„Keine Optionen?“, ruft Benji. „Dann spiel zurück zum Torwart. Dem wird schon etwas einfallen.“

Während Neil Paul angreift, schafft es Paul, den Ball zu Mathew, dem Torwart, zurückzuspielen.

Dann kracht Neil gegen Paul. Sein Fuß trifft Pauls Schienbeinschoner und bringt ihn aus dem Gleichgewicht. Paul fällt hin und hält sich dabei mit Tränen in den Augen das Schienbein.

Im Tor hält Mathew den Ball über seinen Kopf und sucht nach einem freien Spieler.

„Schnell, formiert euch, Team Weiß!“, schreit Benji.

Paul schüttelt die Schmerzen ab und rappelt sich auf. Mathew wirft den Ball zu Shira, die durch das Mittelfeld läuft.

„Passt auf die Mitte auf, Team Gelb!“, ruft Benji.

Auch Diego beobachtet von der Seitenlinie aus alles sehr genau. Paul, Howard und Mathew wollen Eindruck machen und laufen nach vorne. Shira passt zu Paul. Paul nimmt den Ball an und rennt mit voller Kraft aufs Tor zu, Tom ist ihm dicht auf den Fersen. Er dribbelt links an Floris vorbei und hat eine freie Schussbahn auf das Tor der Gelben. Er weiß, dass er punkten kann, sieht Howard aber in einer besseren Position vorne rechts auf dem Feld. Howard hebt seine Hand, um zu signalisieren, dass er frei ist. In dem Bruchteil einer Sekunde muss sich Paul entscheiden. Während er zögert, nähert sich Neil Howard.

In letzter Sekunde schiebt Paul Howard einen haargenauen Pass zu, der seinerseits den Ball per Direktabnahme aus der Luft direkt hinter

Neils Kopf ins Netz schießt.

„Tooooor!“, brüllt Team Weiß. Seine Mitspieler springen begeistert auf Howard, umarmen ihn und schreien voller Aufregung. Howard grinst und zeigt mit seinen beiden Zeigefingern in die Luft, um im Messi-Stil zu feiern.

„Gut gemacht!“ Diego nickt zustimmend mit seinem Kopf.

Howard nimmt Augenkontakt zu Paul auf und hält einen Daumen hoch, um sich zu bedanken.

„Wunderbares Tor!“, lobt Benji. „Alle Leibchen auf einen Haufen! Wir sind fertig für heute!“

Ärger in der Oxford Street

Mama schaut aus dem Balkonfenster der Wohnung, in der sie übernachten. Es ist erst später Nachmittag, aber draußen ist schon alles grau. Der Himmel ist düster und bedeckt. Scheinbar stellt sich endlich das typische Londoner Wetter ein.

Papa und Paul treten abwechselnd vor den großen Wandspiegel. Paul arbeitet an seinem Torjubel und Papa probiert Klamotten an, die er in der Oxford Street gekauft hat. Er inspiziert sein Spiegelbild.

„Dieses Hemd sitzt nicht richtig. Ich brauche eine kleinere Größe. Ich möchte zurückgehen und es umtauschen“, sagt er.

„Ich komme mit!“, ruft Paul enthusiastisch.

„Du kannst mitgehen, aber eingekauft wird für dich nicht. Deine Strafe dafür, dass du neulich aus dem Bus gestiegen bist, steht noch“, erinnert ihn Mama.

„Ich weiß, ich weiß“, stimmt Paul zu. „Ich werde mich benehmen, ich verspreche es!“

„Ich hoffe, dass du deine Lektion gelernt hast“, sagt Papa.

Mama seufzt. „Ich fühle mich nicht besonders gut“, gesteht sie. „Ich glaube, ich bekomme eine leichte Erkältung. Ist es in Ordnung, wenn ich in der Wohnung bleibe und mich ausruhe?“

Papa sieht sie besorgt an. „Sicher, ruh dich etwas aus. Morgen ist ein wichtiger Tag. Du willst auf keinen Fall die Abschlusszeremonie des Trainingslagers verpassen. Soll ich dir eine Tasse Tee machen?“

„Ja, bitte“, lächelt Mama. „Aber wisst ihr überhaupt, wie ihr ohne mich in die Oxford Street kommt?“

„Natürlich. Bus Nummer fünfundfünfzig“, erwidert Papa zuversichtlich, während er Mama eine heiße Tasse Tee einschenkt.

Mama ist immer noch etwas besorgt. „Wenn es ein Problem geben sollte, ruft mich einfach an“, sagt sie.

„Ich hoffe, es geht dir bald besser, Mami!“, ruft Paul, als sie losgehen.

Paul und Papa befinden sich in der Umkleidekabine des Bekleidungsgeschäfts. Papa hat ein paar Hemden herausgesucht und probiert eines davon an.

„Was denkst du, Paul?“, fragt er während er in den Spiegel schaut.

„Du siehst echt toll aus, Papa. Super cool.“

Papa ist nicht überzeugt. Er probiert das nächste Hemd an.

„Papa, denkst du Diego wird mich für das internationale Turnier auswählen?“, fragt Paul.

„Das weiß ich nicht, mein Sohn.“

Ein besorgter Ausdruck überschattet auf Pauls Gesicht. „Papa, kann ich heute den Messi-Haarschnitt bekommen?“

„Paul, Mama hat Nein gesagt.“

„Aber Papa! Du musst nicht immer auf Mama hören.“

Papa schnaubt genervt. „Mache ich doch nicht.“

„Es wird auch nicht lange dauern. Wir erledigen es schnell.“ Paul gibt nicht auf.

„Paul, deine Strafe ist erst dann vorüber, wenn wir London verlassen.“

„Aber es geht doch nur ums Einkaufen. Frisuren zählen gar nicht“, beharrt Paul.

„Hör bitte auf zu nörgeln. Ich habe Nein gesagt“, schimpft Papa.

⚽ ⚽ ⚽

Eine Stunde später verlassen Papa und Paul mit einem breiten Lächeln einen Friseursalon. Beide mit brandneuen Frisuren und platingebleichtem Irokesenschnitt. Sie inspizieren ihre Umgebung.

„Wohin nun, Papa?“, fragt Paul während er seinen neuen Messi-Look genießt.

„Gehen wir zurück in die Oxford Street und nehmen den Bus Nummer fünfundfünfzig“, sagt Papa.

Sie gehen in die Richtung, aus der sie gekommen sind und biegen an der Ecke rechts ab. Sie schreiten eine belebte Straße entlang, dann die nächste. Alles sieht gleich aus. Sie können die Oxford Street nicht finden.

Ein leichter Nieselregen fällt vom Himmel. Papa überlegt, wo er langgehen soll.

„Ruf Mama an", rät Paul, „sie wird wissen, was zu tun ist."

„Nein, das schaffen wir", sagt Papa entschlossen.

Der leichte Regen benetzt ihre Haare und glättet ihre Platin-Irokesenschnitte. Regentropfen streichen über die Schultern ihrer Jacken.

Papa bleibt unter einer Markise stehen. Er gibt Paul die Einkaufstüten und durchsucht seine Jackentaschen nach seinem Handy. Kein Handy. Er tastet auch seine Hosentaschen ab.

„Ich kann mein Handy nicht finden", sagt er schließlich.

„Oh nein!", jammert Paul.

„Es muss mir irgendwann aus der Tasche gefallen sein", seufzt Papa. „Sollen wir zurückgehen und es suchen?"

„Ich weiß nicht. Es war ein altes Telefon. Und es wird spät."

„Wie kommen wir zurück, Papa?", fragt Paul besorgt.

„Ruhig Blut. Wir wohnen in Islington, richtig? Wir können jede U-Bahn nehmen, die nach Süden zum King's Cross fährt. Von dort aus kenne ich den Weg."

„Süden? Bist du dir sicher?", drängt Paul.

„Denkst du, wir müssen nach Norden?", zögert Papa.

„Vielleicht auch nicht."

Papa überdenkt alles einige Sekunden lang. Da erinnert er sich an Mamas Rat.

„Lass uns nach Norden fahren", sagt er schließlich

Mama legt ihr Buch beiseite, nimmt den letzten Schluck von ihrer vierten Tasse Tee und fragt sich noch einmal, wo Paul und Papa bleiben. Es ist jetzt drei Stunden her, seit sie gegangen sind. Sie hätten schon längst zurück sein sollen.

Sie nimmt ihr Telefon und ruft Papas Nummer an, aber niemand geht dran.

Draußen wird es dunkel und der Nieselregen hat sich in leichte Schauer verwandelt. Warum sind sie noch nicht zurück? Sollte sie nach ihnen suchen gehen? Mama kehrt zu ihrem Buch zurück, kann sich jedoch nicht konzentrieren. Nach einer weiteren halben Stunde versucht sie nochmal, Papa anzurufen, aber es geht immer noch niemand dran. „Warum geht Papa nicht an sein Handy?“, fragt sie sich.

Plötzlich klingelt ihr Telefon.

Sie springt auf und greift nach dem Telefon. Es ist Papas Nummer auf der Anrufer-ID!

„Papa!“ Ruft sie laut, als sie den Anruf entgegen nimmt.

„Hallo?“, antwortet die unsichere Stimme einer jungen Frau.

„Ja?“, sagt Mama verwirrt, während ihr Herz in ihrer Brust flattert.

„Hallo…ich habe dieses Handy gefunden. Gehört es jemanden aus ihrer Familie?“, fragt die Frau.

„Oh mein Gott! Das ist das Handy meines Mannes. Wo haben sie es denn gefunden?“ Mamas Stimme stockt.

„Im Bus Nummer fünfundfünfzig. Vor ungefähr einer Stunde. Es tut mir leid, dass ich nicht vorher angerufen habe – ich war sehr beschäftigt.“

„Schon okay. Sie sind ein Engel!“

„Ich habe die letzte ausgehende Nummer angerufen“, erklärt die

Frau. „Ich weiß, wie schrecklich es sein kann, ein Handy zu verlieren."

„Vielen Dank, dass Sie angerufen haben. Es muss meinem Mann versehentlich heruntergefallen sein."

Die Frau ist sehr freundlich und bietet an, Mama am nächsten Abend zu treffen, um das Telefon zurückzugeben. Sie gibt Mama eine Wegbeschreibung.

Mama legt auf und schaut nach draußen. Es regnet jetzt in Strömen. Sie öffnet die Balkontür, um auf die Straße hinunterzuschauen, aber der Regen spritzt hinein und sie schließt die Tür zitternd. Wo sind bloß ihre Jungs?

Mama geht in der Wohnung auf und ab und überlegt, was sie tun soll.

Plötzlich hört sie etwas hinter der geschlossenen Wohnungstür. Sie hört aufmerksam hin. Die Geräusche kommen immer näher. Sie hört einen Schlüssel im Schlüsselloch. Sie nähert sich und starrt auf die Tür. Die Tür öffnet sich langsam und Pauls Kopf taucht mit einem riesigen Lächeln auf seinem Gesicht und platingefärbtem Haar auf.

Als nächstes erscheint Papas durchnässter Kopf.

„Wie findest du meine Frisur, Mama?", fragt Papa.

„Ihr zwei wart also doch beim Friseur!", lacht Mama. „Und gebleicht habt ihr die Haare auch noch! Alle beide!"

„Paul hat mich überredet", sagt Papa verteidigend.

„Paul hat dich überredet?", zweifelt Mama.

„Ja, und ich muss dir noch etwas gestehen", fügt Papa zögernd hinzu. „Ich habe mein Handy verloren."

„Ich muss dir auch etwas gestehen", lächelt Mama. „Ich habe dein Handy gefunden."

Abschlusszeremonie

Die Abschlusszeremonie des Trainingslagers findet in der Basketballhalle von Harrow statt, da es den ganzen nächsten Tag über weiterregnet.

Geordnet nach ihren Teams, stehen aufgeregte Kinder in roten Trikots am Ende der Halle. Die Trainer stehen in einer Reihe vor ihnen. Eine begeisterte Menge von Eltern und Familienmitgliedern ist ebenso erwartungsvoll dabei, während Coldplays Lied „When I Ruled The World“ laut im Hintergrund läuft.

Einige Banner des FC Barcelona-Trainingslagers schmücken die Wände.

Mama und Papa sitzen in der ersten Reihe. Mama hält ihre Handykamera bereit, um diesen wichtigen Moment festzuhalten.

Die Zeremonie geht gleich los.

Die Musik wird abgeschaltet und der Manager des Trainingslagers tritt nach vorne und tippt auf das Mikrofon, um die Aufmerksamkeit aller auf sich zu ziehen.

„Willkommen zur Abschlusszeremonie des FC Barcelona-Trainingslagers in London“, beginnt er. „Es war eine sehr produktive Woche. Ihre Kinder haben hart trainiert und viele wertvolle Lektionen gelernt. Ich bin sehr stolz auf alle. Lassen sie uns applaudieren." Er klatscht in seine Hände und das Publikum schließt sich dem Applaus an.

„Zuerst werden wir die Zertifikate für den Abschluss der Trainings aushändigen", fährt er fort, „und dann wird Diego Alfaro, unser Gasttrainer von La Masia, Barcelona, ein paar abschließende Worte sagen."

Die Barca-Hymne beginnt zu spielen und alle singen mit.

Anschließend beginnt der Manager, den Namen jedes Kindes anzusagen, beginnend mit den Jüngsten. Jedes Kind nähert sich eins nach dem anderen der Trainerreihe und gibt den Trainern die Hand. Diego gibt jedem Spieler eine Urkunde. Dann tritt jedes Kind vor das Publikum, hält vor den Kameras inne und präsentiert stolz die Urkunde mit seinem Namen neben einem Foto der Spieler des FC Barcelona.

Paul, Neil, Howard und die anderen Mitglieder des Teams „Iniesta" warten darauf, an die Reihe zu kommen.

„Diego wird mich für das Turnier auswählen, ihr werdet schon sehen", flüstert Neil seinen Teamkollegen zu.

„Vielleicht...vielleicht aber auch nicht", murmelt Howard.

„Sei du ruhig, Chi-Chu", spottet Neil.

„Neil Osborne!" Hören sie durch die Lautsprecher. Neil dreht sich um und eilt zur provisorischen Bühne.

Als Nächstes wird Pauls Name vorgelesen. Er folgt Neil auf die Bühne und schüttelt den Trainern mit einem schüchternen Lächeln die Hand. Als er sich Benji nähert, hört er, wie Diego zu Neil sagt: „Gut gemacht", während er ihm seine Urkunde gibt.

Pauls Magen zieht sich zusammen und seine Augen werden wässrig. Hat Diego etwas Neil für das Turnier ausgewählt? Das ist einfach nicht fair!

Er versucht weiterhin zu lächeln, als er seine Urkunde von Diego erhält.

„Paul!“ Er hört Mamas Stimme von Weitem.

Er wendet sich seinen Eltern zu. Mama macht Fotos mit ihrem Handy und Papa klatscht aufgeregt in die Hände.

Paul tritt zurück in die Reihe des Teams „Iniesta“.

„Hast du gehört was Diego gerade zu mir gesagt hat? Ich glaube, deine neue Messi-Frisur hat dir nicht geholfen“, sagt ihm Neil mit einem Grinsen. „Jetzt bin ich mir sicher, dass Diego mich für das Turnier ausgewählt hat!“

Paul ignoriert ihn. Er zuckt nur mit den Schultern und kaut auf seinen Fingernägeln herum. Dann trifft er eine Entscheidung.

Er schert aus der Reihe aus, geht zu seiner Tasche, legt die Urkunde hinein und holt seinen Fußball heraus. Er hält ihn mit beiden Händen vor sich und schätzt die Entfernung zu dem 10 Meter entfernten Basketballkorb an der Wand ab.

„Eins, Zwei, Drei“, ruft er laut.

Als er ruft, schauen plötzlich alle erstaunt in seine Richtung. Der Manager des Trainingslagers hört damit auf, die Namen vorzulesen. Mama und Papa starren verblüfft auf Paul.

Paul kickt den Ball in die Richtung des Basketballkorbs. Der Ball bewegt sich durch die Luft und die Menge folgt ihm mit den Augen. Er knallt gegen das Brett des Korbs, dreht sich ein paar Mal auf dem Ring und fällt schließlich durch den Ring mit einem dumpfen Schlag auf den Boden.

Ein Anflug der Bewunderung durchzieht die Zuschauermenge.

„Gut gemacht“, murmelt Diego, während er zustimmend mit dem Kopf nickt.

Mamas Mund steht ungläubig offen, während Papa sich immer noch die Hände vors Gesicht hält.

Während der darauf folgenden Stille murmelt der Manager des Camps „Ähhh…Okay" in das Mikrofon.

Papa findet als Erster wieder zu sich. Er klatscht einmal in die Hände, um die unangenehme Stille zu durchbrechen. Dann klatscht er immer weiter und bald füllt sich der Raum mit einem tobenden Applaus.

„Ähm ... Okay ... das war ... interessant", stottert der Manager des Camps ins Mikrofon. „Lassen sie uns nun aber mit der Zeremonie fortfahren."

„Shira Silva", liest er den nächsten Namen vor. Shira tritt vor und die Zeremonie geht weiter.

„Bei einem Basketballspiel wären das drei Punkte gewesen", flüstert Howard Paul mit einem Kichern zu.

Neil schaut sie nur empört an.

Nachdem alle Urkunden ausgehändigt wurden, tritt Diego an das Mikrofon, um seine Rede zu halten. Die Kinder halten den Atem an. Paul kaut nervös auf seinen Fingernägeln. Neil ballt seine Fäuste. Howard schließt lediglich die Augen und atmet tief durch.

„Hallo allerseits", beginnt Diego. „Ich hoffe, dass euch unser Trainingslager hier in London gefallen hat. Für mich war es jedenfalls eine wunderbare Erfahrung. Ich habe hier viele Talente und harte Arbeit gesehen, im wahren Barca-Geist. Gemeinsam haben wir an vielen Aspekten des Spiels gearbeitet: technische Präzision, Spielintelligenz und natürlich auch Teamwork. Wie Sie vielleicht wissen, ist die La Masia Fußball-Akademie das Herz des FC Barcelona. Es gibt nicht viele Clubs auf der Welt mit so vielen einheimischen Talenten. Messi, Xavi, Iniesta, Pique und andere berühmte Spieler der ersten Mannschaft von

Barcelona verbrachten viele Jahre als Schüler in La Masia. Darauf sind wir stolz. Das ist unsere Philosophie.

Eine Runde Applaus schallt durch die Halle. Paul klatscht zögerlich in seine Hände und schaut nervös zu seinen Eltern.

„Es dauert Jahre, um ein technisch versierter Fußballer zu werden", fährt Diego fort. „Aber Ihre Kinder sind dazu auf dem besten Weg. Trainiert einfach weiter und übt weiter die Barca-Spielweise!"

Diego wartet, bis eine weitere Runde Applaus verebbt ist.

„Nun, ich habe gehört, dass einige von euch davon ausgehen, dass wir Spieler aus diesem Lager für das La Masia-Weltturnier auswählen. Es tut mir leid, aber dies ist nicht der Fall. Die Plätze für dieses Jahr wurden bereits vergeben. Es tut mir leid, wenn ihr enttäuscht seid", seufzt er. „Allerdings habe ich hier jede Menge erstklassige Talente gesehen, und es gibt immer ein nächstes Jahr. Lernt und entwickelt euch weiter! Ich hoffe, euch in unseren Trainingslagern hier in London oder in Barcelona wiederzusehen. Dankeschön und auf Wiedersehen!"

Die Musik wird wieder eingeschaltet und Coldplays Lied "When I Ruled The World" übertönt die klatschende Menge.

Neil ist am Boden zerstört.

Paul sieht Howard nur enttäuscht an und sagt: „Nächstes Jahr?"

„Nächstes Jahr", stimmt Howard ihm zu.

Wer ist der Kapitän?

Paul und Mama sitzen nebeneinander in der U-Bahn. Der Zug rattert, während er durch die Tunnel zum nächsten Bahnhof rast. Sie sind nach der ganzen Aufregung der vergangenen Woche völlig erschöpft. Papa steht neben ihnen und hält Pauls Rucksack. Paul betrachtet die Leute um sich herum. Manche blicken starr, manche spielen mit ihren Handys, manche hören Musik. Er versucht zu erraten, wer sie sind und wohin sie fahren.

„Wie hat dir das Trainingslager denn gefallen, Paul“, fragt Mama.

„Es war prima“, antwortet Paul.

„Der Trick, den du bei der Abschlusszeremonie gemacht hast. Der war schon sehenswert“, lobt sie ihn.

„Neil hat es nicht verdient, von Diego ausgewählt zu werden“, sagt Paul. „War es sehr schlimm, was ich getan habe?“

„Nicht schlimm, nein ... eher kreativ, würde ich sagen.“ Mama wählt ihre Worte sorgfältig.

„Können wir nächstes Jahr wieder teilnehmen?“, fragt Paul.

„Wo fahren wir im Moment eigentlich hin?“, unterbricht Papa das Gespräch.

„Wir nehmen die blaue Linie und steigen dann um zur roten Linie“, erklärt Mama.

„Aber wohin“, fragt Papa.

„Weiß ich selbst nicht genau...Die Frau, die dein Handy gefunden hat, gab mir die Wegbeschreibung. Wir treffen sie in ihrer Buchhandlung“.

Papa lacht sie an. „Okay, ich vertraue dir, Mama. Du kennst dich ja hier aus.“

Paul rennt die Treppe von der U-Bahn zur Straße hinauf. Mama und Papa folgen ihm, geblendet vom grellen Sonnenlicht. Das Wetter hat umgeschlagen und es ist wieder ein schöner Tag. Die Luft ist frisch und die Blätter der Bäume funkeln in der Sonne.

Sie schauen sich um.

„Wir sind in Notting Hill!“, ruft Papa glückselig. „Wie cool ist das denn!“

Aus der Nähe hören sie Bassrhythmen. Sie gehen die Straße entlang, vorbei an trendigen Cafés, schrulligen Second Hand-Geschäften, marokkanischen Teehäusern und Fast-Food-Restaurants.

Während sie weiterlaufen, wird die Musik lauter und die Menge um sie herum wird dichter. Sie erreichen eine Fußgängerzone mit einem Flohmarkt. Straßenverkäufer verkaufen allerlei leckere Snacks.

Neben der Buchhandlung der Frau steht ein DJ. Menschen tanzen um eine improvisierte Bühne herum. In der Buchhandlung treffen sie die Besitzerin - die Frau, die Papas Handy gefunden hat. Sie trägt ein buntes Kleid und bewegt ihren Körper im Takt der Musik. Sie ruft ihnen zu: „Heute ist euer Glückstag! Wir haben ein Straßenfest! Ihr müsst mitmachen!“

Die Frau gibt Papa sein Handy zurück. Er dankt ihr und sie folgen ihr nach draußen, um sich der Party anzuschließen.

Papa beginnt sich im Takt der Musik zu bewegen, während er sich mit einem breiten Lächeln zwischen den tanzenden Körpern hindurcharbeitet. Paul nimmt Papas Hand und beginnt ebenfalls zu tanzen.

Mama schaut sie an und lacht entzückt.

„Komm schon, Mama! Komm, tanze mit uns! Sei nicht schüchtern!", ruft Papa.

Mama lächelt und geht zögernd auf die beiden zu. Sie fängt schüchtern an zu tanzen, aber bald wird auch sie von der Musik mitgerissen.

Sie tanzen zusammen in der Menge der jungen und alten, lächelnden Gesichter aller Farben, mit glücklichen Menschen, die das Leben und den Sonnenschein und den strahlenden Londoner Sommer genießen.

„Schau uns an! Wir tanzen zusammen! Wir sind ein Team!", ruft Papa.

„Ja", erwidert Paul, „und ich bin der Kapitän!"

THE
ROLLING STONES

Ende des dritten Buchs

Fortsetzung folgt...

Um die anderen Bücher aus der Reihe zu lesen und über den nächsten Band benachrichtigt zu werden, besuchen Sie:
sean-wants-to-be-messi.com

Printed in Germany
by Amazon Distribution
GmbH, Leipzig

19237641R00036